历史文化遗产·中国名樓

中国文物学会中国历史文化名楼保护专业委员会 编著

文物出版社

责任编辑：吴　湘

责任印制：陆　联

图书在版编目（CIP）数据

中国名楼 / 中国文物学会中国历史文化名楼保护专业委员
会编著 . — 北京：文物出版社，2013.12
（历史文化遗产）
ISBN 978-7-5010-3910-4

Ⅰ . ①中… Ⅱ . ①中… Ⅲ . ①楼阁—名胜古迹—介绍
—中国 Ⅳ . ① K928.74

中国版本图书馆 CIP 数据核字 (2013) 第 280405 号

历史文化遗产·中国名楼

中国文物学会中国历史文化名楼保护专业委员会　编著
文物出版社出版发行
（北京市东直门内北小街 2 号楼　邮编：100007）
http://www.wenwu.com
E—mail:web@wenwu.com
印刷　北京盛天行健艺术印刷有限公司
开本　889x1194 毫米　1/16
印张　11
版次　2013 年 12 月第 1 版
印次　2013 年 12 月第 1 次印刷
书号　ISBN 978-7-5010-3910-4
定价　150.00 元

前　言

中华文明源远流长，留下了丰富的文化遗产，其中有不少的文化建筑，如孔庙与儒家文化、塔观与佛道文化、宫殿与皇权文化。探寻中华文化的源流，文化建筑可以作为一个很好的突破口。

中国的古代建筑，除了有气势磅礴的宫殿群、秀美别致的私家园林外，还有一种更为独特雄伟的楼阁建筑，我们可称之为"历史文化名楼"。这些楼阁的产生或多或少地具有一些官方的背景，有的是作为军事要塞，有的是作为贵族楼阁，但随着历史的发展，其官方色彩慢慢淡化，逐渐成为大众游览的观赏楼，进而成为迁客骚人心中的文化圣地。

历史文化名楼，是地域灵气的结晶。历史文化名楼的选址甚为讲究，或依山傍水，或危立城墙，山水地望与楼阁相互映衬，相得益彰，无论是岳阳楼"衔远山，吞长江"的宏伟气势，还是滕王阁"落霞与孤鹜齐飞，秋水共长天一色"的钟灵秀美，无不体现了这种楼阁与地望的结合。也正是基于这一特点，历史文化名楼可以发展成为城市的景观带，进而成为一个城市的标志。

历史文化名楼，是人文精神的荟萃地。历史文化名楼有着丰富的人文底蕴，或名人驻足，留下名言佳句，或名物藏阁，流芳后世子孙。名人或名物使楼阁熠熠生辉，名显于世。"先天下之忧而忧，后天下之乐而乐"、"欲穷千里目，更上一层楼"，如此佳句不仅是对楼阁的生动写照，更是饱含着深刻的人文情怀，昭人启迪。儒家的仁义思想、士大夫的入世精神等随着历史的车轮积于楼中，成为宝贵的文化遗产。

历史文化名楼，是人们心中的精神符号。历史文化名楼，不仅在当时为人所重，在后世人的心中也留下了强烈的文化烙印，不断地对其增修、重建，成为人们心中的精神符号。无论历史文化名楼的具体形制如何变换，其在人们心中的地位及其文化价值没有改变。换言之，中国的名楼之赏，必以探究文化为要。

中国的名楼遍布大江南北，东有阅江楼、城隍阁、天一阁、望海楼，南有岳阳楼、黄鹤楼、滕王阁、天心阁，西有鹳雀楼、钟鼓楼、大观楼，北有蓬莱阁等等。为了更好地保护与传承名楼文化，2004 年由岳阳楼等六大名楼发起，在湖南岳阳成立了中国名楼协会。协会成立至今正好十年，成员单位已由最初的六家增加到了十三家。中国名楼协会一直致力于名楼文化的保护，着力挖掘各楼深藏的历史文化内涵，推动名楼文化保护机制的形成，指导名楼文化旅游资源的开发和利用。各个名楼的文化理念与精神是息息相通的，它们是人类文明不断进步的见证。中国名楼协会力求通过对名楼的科学分类研究，以文化发展脉络为线索，探究历史文明的演进和特色；通过对名楼文化遗产的保护，塑造城市文化景观，引导人们发现中华文化之美，提高人民的整体文化品位。

在传统文明与现代文明交汇融合的今天，历史文化名楼是一个城市独属的文化印记，更是市民高尚的文化空间，对于城市的发展和精神文明建设都有重要的作用。我们要将历史文化名楼从一般建筑保护提升到人类文明成果的传承水平来认识，发扬中国这一珍贵的历史文化遗产。

目　录

岳 阳 楼

岳阳楼

岳阳市位于湖南省东北部洞庭湖与长江的汇合处，东依江西、南靠长沙、北与湖北交界、西与益阳毗邻。全市面积 15019 平方公里，人口 530 万。长江与洞庭湖在这里交汇，京广铁路、107 国道与京珠高速自北而南贯穿全境，南距长沙黄花国际机场 130 公里，水陆交通十分便利。

洞庭湖古称"云梦泽",为我国第二大淡水湖。它北连长江,南接湘、资、沅、澧四水,自古就有"八百里洞庭"之说。洞庭湖湖外有湖,湖中有山,烟波浩淼,浩瀚迂回,山峦突兀,渔帆点点,芦叶青青,水天一色,鸥鹭翔飞。春秋四时之景不同,一日之中变化万千。洞庭湖的本义是神仙洞府,由此可见其风光之绮丽迷人。洞庭湖滨的风光也极为秀丽,特别是君山、岳阳楼、杜甫墓、岳州文庙、天岳书院等自然风光和名胜古迹,吸引着历代文人墨客纵情吟诵。

岳阳历史悠久,渊源流长。早在 20 万年前的旧石器时代,就有原始先民在这片土地上繁衍生息;商周时期城陵矶筑有"大彭"古城;春秋、战国时期在今岳阳楼一带筑有西糜城;东汉时,在此设巴丘邸阁城;西晋太康元年(280年)始设巴陵县,并改称巴陵城,自此即为历代郡、府、州、县治所在地;南

水天一色　风月无边　　　　　　　　四面湖山归眼底　万家忧乐到心头

朝设巴陵郡；隋文帝开皇十一年（591年）改称岳州城。明洪武二年（1369年）置岳州府。民国二年（1913年）9月改称岳阳城。岳州古城位于京广线以西的旧城区，面积约1平方公里，主要文物景点分布在洞庭路两侧的狭长地带，其中有两处全国重点文物保护单位——岳阳楼与岳州文庙。

　　岳阳楼矗立于洞庭北路古西门城头，临八百里洞庭，瞰万里长江，气势雄伟，素有"洞庭天下水，岳阳天下楼"的美誉。在江南三大名楼中，建造年代之早，自然风光之秀，建筑工艺之巧，词章歌赋之佳，气势之壮阔，构制之雄伟，岳阳楼均居冠无愧。茶陵诗派领袖李东阳在《书岳阳楼图后》中说："江汉间多层楼杰阁，而岳阳为最。"尔后，由于历史的原因，黄鹤楼、滕王阁都已不复存在，而岳阳楼却一直以它雄伟古朴的风貌屹立于世，是江南三大名楼中唯一保持历史原貌的文物古迹。1988年1月，由国务院公布为第三批全国重点文物保护单位。

　　岳阳楼肇自汉晋，其前身为三国时期东吴将领鲁肃的阅兵楼。北魏郦道元《水经注》载："（巴

1937年刊载于《湖南年鉴》上的岳阳楼图片

1938年的岳阳楼

1938年的岳阳楼与南极潇湘坊

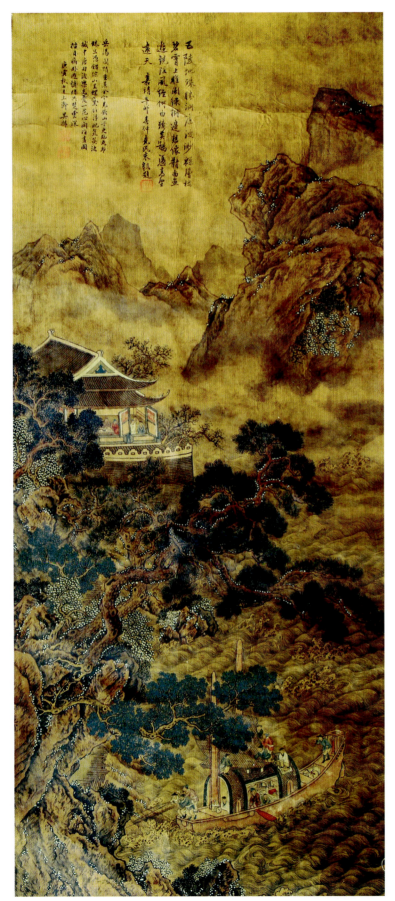

宋范中立绘《岳阳楼图》

一樓何奇杜少陵五言絕唱范希文兩字關情滕子
京百廢具興呂純陽三過必醉詩耶儒耶仙耶
前不見古人使我愴然涕下
此中有真意問誰領會得來
山西來爽氣岳州城東道巖疆瀦者流者峙者鎮者
諸君試看洞庭湖南極瀟湘楊子江北通巫峽巴陵

道州何紹基書

羅平寶坅撰

一樓何奇

丘山）在湘水右岸，山有巴陵故城，本吴之巴邱邸阁城也。"北宋范致明《岳阳风土记》引《舆地志》称："巴丘有大屯戍，鲁肃守之。今郡城乃鲁公所筑也。"据唐《元和郡县志》载："建安十九年（214年），孙权使鲁肃以万人屯巴丘"。鲁肃在东汉马援所筑巴丘邸阁城的基础上扩建了巴丘邸阁城，并于城西门上建谯楼，用以训练和检阅水军。城西门谯楼即今岳阳楼的前身，距今已经1790多年了。

岳阳楼兴于唐，盛于宋，一代代沿袭发展而来。传承至今历经了由军事楼——城门楼——观赏楼的演变。唐朝以前，其功能主要作用于军事上。自唐朝始，岳阳楼便逐步成为历代游客和风流雅士游览观光，吟诗作赋的胜地。巴陵城此时已称之为岳阳城，巴陵城楼也随之称为岳阳楼了。

最早吟咏岳阳楼的是南朝刘宋的颜延之。他自始安郡离任赴京都，途经岳阳时，写下了《始安郡还都与张湘州登巴陵城楼作》。南朝梁元帝萧绎过巴陵，在《赴荆州泊三江口诗》中描写岳阳楼前的景状是："水际含天色，虹光入浪浮"、"丛林多故社，单戍

明弘治别红岳阳楼图盘

清康熙年间绘《岳阳楼图》

清乾隆十一年绘《岳阳楼图》

铜铸唐代岳阳楼模型

有危楼"。

　　唐代是我国诗歌史上的鼎盛时期，岳阳楼则是诗家吟咏讴歌的重要场所。唐玄宗开元四年（716年），中书令张说贬谪岳州后，寄情山水，常与文人迁客登楼赋诗。据宋范致明《岳阳风土记》载：这位号称"燕许大手笔"的一代名相，"每与才士登楼赋诗，自尔名著。"以后，诗坛巨子，风邀云集，接踵而来。张九龄、孟浩然吟唱在前，李白、杜甫、贾至啸嗷在后，继而白居易、元稹、刘禹锡、韩愈、李商隐联袂登楼，酬答唱和。其中孟浩然的"气蒸云梦泽，波撼岳阳城"（《望洞庭湖呈张丞相》）；李白的"楼观岳阳尽，川迥洞庭开"（《与夏十二登岳阳楼》）；杜甫的"吴楚东南坼，乾坤日夜浮"（《登岳阳楼》）；白居易的"春岸绿时连梦泽，夕波红处近长安"（《题岳阳楼》）；刘禹锡的"遥望洞庭山水翠，白银盘里一青螺"（《望

铜铸宋代岳阳楼模型

铜铸元代岳阳楼模型

铜铸明代岳阳楼模型

铜铸清代岳阳楼模型

洞庭》），皆为千古绝唱。

岳阳楼真正闻名于天下，是在北宋滕子京重修岳阳楼，范仲淹作《岳阳楼记》之后。滕子京曾任环庆路都部署兼庆州知州。后因被人诬告，于庆历四年（1044年）被贬为岳州知州。"庆历四年春，滕子京谪守巴陵郡，越明年，政通人和，百废具兴，乃重修岳阳楼"，范仲淹在其《岳阳楼记》的序中赞扬了滕子京的才干和政绩。文武兼备的滕子京，对山水名胜颇有见地。他认为"天下郡国，非有山水环异者不为胜，山水非有楼观登览者不为显。"他曾赞叹："君山，洞庭湖杰杰然为天下之特胜"，只可惜原有楼台不甚壮观，不能尽显江山之美。遂于庆历五年（1045年），开始重修岳阳楼。这一举措，得到当地民众的极力支持。一年后，楼台落成，巍然耸立，焕然一新。在楼落之时，他凭栏远眺，不禁诗兴大发，填词《临江仙•巴陵》一首："湖水连天天连水，秋水分外澄清。君山自是小蓬瀛，气蒸云梦泽，波撼岳阳城。帝子有灵能鼓瑟，凄然依旧伤情。微闻兰芷动芳馨，曲终人不散，江上数峰青。"据明代《岳州府志》载："郡寮禀落成立日，子京云：

落其成，待痛饮一场，凭栏大恸数十声而已。"这种感情的流露，充分地说明了岳阳楼的重建，凝聚了滕子京的全部心血。楼修成后"增其旧制，刻唐贤今人诗赋于其上"，便从唐代众多诗文中精选76首，请当朝名笔刻于栋梁间。

滕子京无愧为一位具有远见卓识的名臣，他认为"楼观非有文字称记者不为久，文字非出于雄才巨卿者不成著。"于是，滕子京于庆历六年（1046年）六月十五日，写了一封《与范经略求记书》，又请人画了一幅《洞庭秋晚图》，派人一并送到他的朋友——当时的大文学家、政治家、军事家范仲淹手上，请他为岳阳楼作记。范仲淹接到书信后，精神大振，奋笔疾书，写下了名传千古的《岳阳楼记》。《岳阳楼记》全文360余字，字字珠玑，文情并茂，内容之博大，哲理之精深，气势之磅礴，语气之铿锵，可谓匠心独具，堪称绝笔。一时间，此文在世人中广为传诵，岳阳楼从此名满江南，绝冠天下。

岁月沧桑，岳阳楼数遭兵燹水患，屡圮屡修，有史可查的就达30余次。封建王朝时代的最后一次大修是在清光绪六年（1880年）由岳州知府张德容拨

五朝楼观

茶厘税收及地方捐款进行的，这
次大修后的建筑格局一直保持至
今。

关于唐以前岳阳楼建筑的结
构、形状，由于文献资料不足，
仅能从古人诗文中去揣摩。但是
宋以后保存下来的文史资料和一
些绘画作品却给我们描绘出了千
古名楼在各个不同历史时期的雄
奇形貌。宋代，即有画家（佚名）
绘制的《岳阳楼图》存世：其楼
建于高大的城墙之上，城墙的洞
门之外，有单层四方小亭凭湖而
立，城墙之上，是两个多柱、结
构复杂的小亭，小亭之后为四方、
三层飞檐的岳阳楼。这是岳阳楼
存世的最早的结构、形象图。元
至正七年（1347 年），画家夏永
画过一幅岳阳楼扇面图，细致地
刻画了岳阳楼的外貌：楼建于城
墙之上，二层三檐，九脊歇山顶，
龙吻脊饰，饯脊上饰蹲兽五个，
屋顶以六攒六拱相托，二楼设门
窗，回廊环绕，一楼四周建有突
轩，整个建筑布局严谨，楼形壮观。
明万历年间文人王昕著《三才图
会》，记载了岳阳楼的形制："岳
阳楼，其制三层，四面突轩；状
如十字，面各二溜水，今制，架
三檐，高四丈五尺。"可知明楼与

元楼在形制、结构上是大体一致的。明末画家安正文所绘《岳阳楼图》中，楼身为：正六棱柱形，二层三檐，盔形楼顶，上置宝瓶，脊饰蹲兽，翘首的起翘较前代略高，形制较宋、元略有变化。清康熙年间，画家龚贤也绘有《岳阳楼图》，图中岳阳楼在结构上较前代要简单。清嘉庆九年（1804年）《巴陵县志》刊载的《岳阳楼君山图》中，岳阳楼形制则已恢复如元、明。清光绪六年重修后的岳阳楼，身为全木结构，三层三檐小顶呈盔甲形，高19米多，檐面盖琉璃瓦，脊饰讲究，顶置宝瓶，中间四根楠木大金柱直顶三楼普柏枋，承荷楼体大部分重量。二楼设回廊，三楼檐间为如意斗拱，层叠相衬，拱顶托楼，因屋顶的外形酷似古代将军的头盔，故称为盔顶。这种拱而复翘的古代将军的头盔式屋顶在我国古代建筑史上是独一无二的。整个楼阁结构严谨，工艺精巧，造型庄重，

洞庭天下水　岳阳天下楼

岳陽樓記

慶歷四年春，滕子京謫守巴陵郡。越明年，政通人和，百廢具興，乃重修岳陽樓，增其舊制，刻唐賢今人詩賦于其上。屬余作文以記之。

余觀夫巴陵勝狀，在洞庭一湖。銜遠山，吞長江，浩浩湯湯，橫無際涯；朝暉夕陰，氣象萬千。此則岳陽樓之大觀也，前人之述備矣。然則北通巫峽，南極瀟湘，遷客騷人，多會於此，覽物之情，得無異乎？

若夫淫雨霏霏，連月不開，陰風怒號，濁浪排空；日星隱曜，山嶽潛形；商旅不行，檣傾楫摧；薄暮冥冥，虎嘯猿啼。登斯樓也，則有去國懷鄉，憂讒畏譏，滿目蕭然，感極而悲者矣。

至若春和景明，波瀾不驚，上下天光，一碧萬頃；沙鷗翔集，錦鱗游泳；岸芷汀蘭，郁郁青青。而或長煙一空，皓月千里，浮光耀金，靜影沉璧，漁歌互答，此樂何極！登斯樓也，則有心曠神怡，寵辱皆忘，把酒臨風，其喜洋洋者矣。

嗟夫！余嘗求古仁人之心，或異二者之為，何哉？不以物喜，不以己悲；居廟堂之高則憂其民，處江湖之遠則憂其君。是進亦憂，退亦憂。然則何時而樂耶？其必曰先天下之憂而憂，後天下之樂而樂歟。噫！微斯人，吾誰與歸？

時六年九月十五日

乾隆八年六月既望岳州守黃公屬余書文正文沙書

张照书《岳阳楼记》

范仲淹与滕子京铜像

为我国古代劳动人民遗留下来的艺术珍品。

新中国成立后，党和政府十分重视岳阳楼的保护和维修，多次拨款修葺。1983年政府拨款135万元，于3月15日下式动工，对岳阳楼主楼与三醉亭、仙梅亭古建筑群进行落架大修。整个大修工程始终坚持"保持原状，修旧如旧"的原则，完整的保持了清光绪六年最后一次重修后的建筑格局与风格。历时11个月，于1984年5月1日竣工开放。这次大修，旧楼大部分构件凡能用的都留用了。为了稳固楼基，浇铸了钢筋混凝土地梁，台基增高了60厘米。整个建筑为纯木构造，并作了防蚁技术处理。二楼游廊空间也相应增加了10厘米。

经过1983年按照"保持原状，整旧如旧"的原则进行落架大修后的岳阳楼主楼与三醉亭、仙梅亭古建群，完整的保持了清光绪六年（1880年）最后一次是重修后的建筑格局与风格。大修后的建筑群既牢固美观，又完整地保持了古

人民大会堂湖南厅湘绣的岳阳楼屏风

古城一隅（李建平摄）

楼的历史风貌和建筑风格。

现存的岳阳楼坐西朝东，构造古朴独特，气势恢宏凝重。主楼台基以花岗岩围砌而成，台基宽度 17.24 米，进深 14.54 米，高度为 0.65 米。岳阳楼高度 19.47 米，为三层、四柱、飞檐、盔顶式纯木结构。整个楼宇由四根直径 46 厘米的楠木金柱、12 根木廊柱和 24 根木檐柱支撑，柱上架梁，梁上立柱，全部采用插榫法构造。三层楼中，设置、装饰风格各异，各层悬挂历代名家撰写的楹联十余幅。一楼、二楼各嵌一幅《岳阳楼记》雕屏。二楼所嵌雕屏为清乾隆时期刑部尚书、大书法家张照所书。张书字形方正，笔力雄浑，技法多变，不拘一格，既有欧阳洵笔法的劲峭严正，又有虞世南字形的婉雅秀逸，还兼有褚遂良字体的疏瘦劲练，再配上精巧的刻工，名贵的木质，更是难得的传世珍

岳阳楼雪景

宝。一楼所嵌雕屏，是道光年间的复制品。传说，其时有个知县意欲将张照手书据为己有，于是仿造了一幅雕屏，偷运真品时在洞庭湖中遇到风暴，船倾人亡，雕屏沉入湖底，被渔民打捞上来。后由巴陵名士吴敏树出资赎回，重新悬挂于岳阳楼。从此，岳阳楼就有了两幅《岳阳楼记》雕屏。三楼所嵌雕屏为毛泽东同志手书唐杜甫《登岳阳楼》诗，金辉耀眼，光彩照人。屏书笔意奔放，布局严谨，雄健隽永，形神兼备，不失为艺术珍品。

　　现如今的岳阳楼景区集人文景观、自然风景于一身，是当今融楼、湖自然风光和人文景观于一体的精品景区，古朴典雅、庄重和谐。她不仅是岳阳市的城市形象、精神文明建设和对外交流的重要窗口，也是引领湘北旅游业发展的龙头，湖南省旅游业发展的重要品牌。

——李建平

黄 鹤 楼

黄鹤楼

黄鹤楼巍峨耸立于武昌蛇山峰岭之上，始建于三国吴黄武二年（223年），距今已有近1800年历史。景区面积为41.7公顷。景区由大大小小60余个景点组成，突出体现了黄鹤楼景区的神仙文化、三国文化、诗词文化、建筑文化、诗碑文化、精武文化、首义文化等深厚的文化底蕴，将长江、蛇山与黄鹤楼文化有机融合，形成了自然风光与人文景观相融一体的景区格局。现为国家AAAAA级景点，国家级重点风景名胜区，它与湖南的岳阳楼、江西的滕王阁并称为"江南三大名楼"。

黄鹤楼

冲决巴山群峰，接纳潇湘云水，浩荡长江在三楚腹地与其最长支流汉水交汇，造就了武汉隔两江立三镇而互峙的伟姿，这里地处江汉平原东缘，鄂东南丘陵余脉起伏于平野湖沼之间，在龟山上，江上舟辑如织黄鹤楼天造地设于斯，历代文人墨客到此游览，留下不少脍炙人口的诗篇。唐朝诗人李白一首"黄鹤楼中吹玉笛，江城五月落梅花"，使武汉江城之称名扬四海；唐代诗人崔颢一首"昔人已乘黄鹤去，此地空余黄鹤楼。黄鹤一去不复返，白云千载空悠悠"，已成为千古绝唱，更使得黄鹤楼声名大振。因与对岸晴川阁隔江对峙，相映生辉，被称为"三楚胜境"。

江汉揽胜图（明佚名画家作）（王钢）又称《武汉三镇图》，是一幅绢本设色工笔画。现藏于武汉博物馆。

明安正文绘黄鹤楼

明末清初《武昌江岸图》

古 黄 鹤 楼 （ 摄 于 清 代 ）

清同治黄鹤楼

清同治黄鹤楼局部图

蛇山黄鹄矶老照片

20世纪初外国人绘黄鹤楼版画

发行于 1893 年 5 月至 6 月间的
20 分黄鹤楼邮票

发行于 1896 年 8 月的 20 分
黄鹤楼邮票

1910 年香烟盒子上的黄鹤楼图案

1914 年印有黄鹤楼图案的钱票

吴作人《鹤》　　　　　　　　　　　　　　　陆俨少《黄鹤楼》

23

贺敬之《一览亭》

臧克家·行草

曹禺·行草

搁笔亭

臧克家书

楼未起时原有鹤
笔纵搁后更无诗
曹禺题

落梅轩

高冠华·落梅轩

赵朴初·楷书

黄苗子书李白《送孟浩然之广陵》

氣吞雲夢

赵樸初

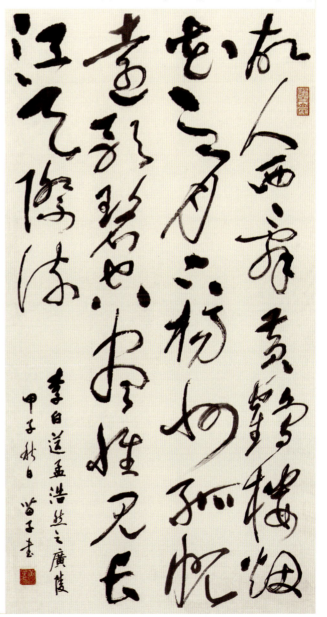

三楚一楼

蛇山之巅巍巍黄鹤楼

白云阁

《崔颢题诗图》浮雕

黄鹤楼前的鹤、蛇、龟铜雕

黄鹤楼秋色

鹅池

黄鹤楼秋色

银装下的南区

黄鹤楼最初是三国时期东吴孙权为防备蜀魏两国来犯而修建的一座军事瞭望楼。历史上的黄鹤楼名扬四海，屡毁屡建，仅明清两代就被毁七次、重建和维修了十次之多，因而有"国运昌则楼运盛"的说法。最后一座黄鹤楼于清光绪十年（1884 年）毁于民房失火。建国以来，党和政府对黄鹤楼极为珍视，曾专门拨款对黄鹤楼进行重建，1981 年新的黄鹤楼破土动工，经过四年的精心施工于 1984 年顺利竣工，1985 年正式对外开放，她巍峨挺拔、庄重典雅，极富中国传统特色，已经成为长江中游和武汉城市的地标。

——王勇

黄鹤楼夜色

滕 王 阁

滕王阁

滕王阁，与黄鹤楼，岳阳楼并称江南三大名楼。唐永徽四年（653年），唐太宗之弟"滕王"李元婴任洪州都督时所创建，因初唐诗人王勃所作《滕王阁序》而名传千古。韩愈曾赞道："江南多临观之美，而滕王阁独为第一，有瑰伟绝特之称。"故又素享"西江第一楼"之美誉。

元阁图（故宫博物院藏）

宋阁图（宋人郭忠恕绘，天籁阁藏）

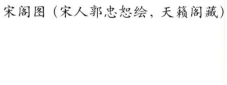

元阁图（夏永绘）

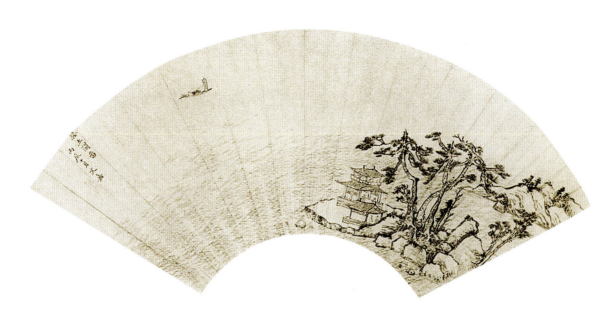

明文嘉滕王阁图

落霞孤鹜图（明人唐寅绘）

滕王高阁图（明人林灵岩临赵伯驹本）

江西滕王阁胜景全图
（瓷版画，1921年绘）

　　滕王阁建筑群，坐落在南昌市抚河路赣江与抚河故道交汇处，占地6.3公顷，依城临江，滨邻南浦，距唐代阁址仅百余米。滕王阁是一座大型仿宋式古建筑，主体建筑共9层，重檐歇山式大屋顶，净高57.5米，底层平面为十字交叉型，南北长80米，东西宽140米，建筑面积13000平方米；其下部为象征古城墙的12米高台座，台座以上取"明三暗七"格式；其两翼为对称的一级高台，高台上部为游廊；游廊南端为"压江亭"，北端为"挹翠亭"。整个建筑为钢筋混凝土仿木结构，主阁碧瓦重檐，斗拱层叠，画栋彩柱，雕门透窗，保有唐阁"层台耸翠，上出重宵，飞阁流丹，下临无地"的雄伟气势。

江西滕王阁
（瓷版画，1921年绘）

江西滕王阁景（瓷版画，1926年绘）

江西滕王阁（瓷版画，1936年绘）

瓷盘画

青花双口瓶

霁蓝瓶

青花印泥盒

青花瓷枕

青花香炉之一

青花香炉之二

青花香炉之三

青花笔洗

滕王阁照之一（鹤纪照相馆摄）

滕王阁照之二（鹤纪照相馆摄）

江西滕王閣（霓若贈）
King Tang's Tower, Kiangse.

滕王阁门楼照（1915年《东方杂志》）

滕王阁门前照（日本人山根倬三摄）

滕王阁内部陈设与建筑形成一个艺术整体，突出了文化楼阁的特征，蕴藏着源远流长的民族文化内涵。主阁台座之下B层，辟有滕王阁华夏圣旨博物馆和末代帝师朱益藩遗物陈列馆；台座之上为主阁六个游览层，即三个明层三个暗层，主要展示中华文明之光、赣文化之光和滕王阁自身的文化。主阁正门巨联"落霞与孤鹜齐飞，秋水共长天一色"为毛泽东生前手书。其余楹联匾额，或集古人书法之精华，或为当今书画家之珍品。阁中有不少大型壁画，集中体现了"物华天宝"，"人杰地灵"的主题。丹青、翰墨两厅为艺术家们提供了高雅的创作环境。最高层展演厅为游客进行仿古演出。

滕王阁正匾

即将建成的滕王阁二期工程位于滕王阁以北的原水产码头、集装箱码头沿赣江西岸与抚河大道之间的狭长地带，建筑面积 12347.28 平方米，主要包括后山景区、演艺场景区、游客中心景区、过渡带景区等四个景观区域。内容包括：售票厅、墨香楼、好运楼、小剧场、休息厅、迎客亭、地下多功能厅、地下车库、后山车库、消防通道、沿江长廊等多项建筑。滕王阁二期是对滕王阁景区一期的延续、补充、丰富和完善。将充分体现"唐风宋韵"特色，紧扣滕王阁文化主题，做足临江文章，既呈现滕王阁盛唐时的辉煌，又展示赣鄱文化和现代南昌的文化元素，构建一个集"揽胜、求知、休闲、娱乐、餐饮、购物"于一体的多功能特色文化旅游区，使滕王阁景区成为游客观光揽胜的必游地、市民休

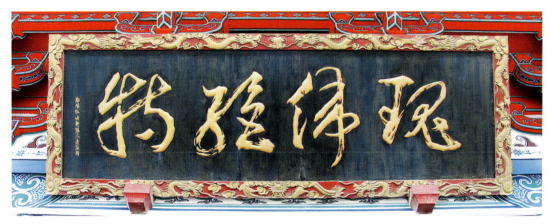

瑰伟绝特匾

苏东坡书《滕王阁诗序》（《晚香堂苏帖》）

航拍滕王阁（殷韬摄影）

滕王阁

航拍滕王阁（殷韬摄影）

滕王阁雪景

东门牌楼

闲娱乐的常去处、全省形象展示的新地标，并使滕王阁成为南昌靓丽的城市名片、文化旅游的龙头，全市旅游产业发展的引擎。

星移物换，人世沧桑，滕王阁迭废迭兴达28次之多。 1989年10月8日（阴历九九重阳节），第29次重建的滕王阁竣工落成。2001年被评为国家首批4A级旅游区，2004年被评为国家风景名胜区。先后获得全国文明风景旅游区示范点、全国文明风景旅游区工作先进单位、全国文明单位、全国三八红旗集体、全省文明风景旅游区等荣誉。

滕王阁，华夏古代文明的象征！

滕王阁，举世瞩目的历史名楼！

——黄龙

滕王阁夜景

蓬 莱 阁

古阁晨曦

一方演绎鬼斧神工的所在，　　　千年仙阁在这里巍峨耸立，

一个令人无比沉醉的地方，　　　悠悠古港在这里折戟沉沙，

黄渤二海在这里激汇交融，　　　秦皇汉武在这里寻药访仙，

海市蜃楼在这里缥缈现世，　　　八仙过海在这里各显神通，

　　　　　　　　　　　　　　　一代豪杰在这里荡平倭寇……

　　这就是全国重点文物保护单位、国家重点风景名胜区、国家首批 5A 级旅游景区——蓬莱阁。

巍巍蓬莱阁，位于中国胶东半岛最北端，耸立于仙云缭绕的丹崖山上，历经千载岁月，尽阅世事沧桑，她以深邃的文心和超然的意韵，勾勒出瑰丽奇异的丹崖仙境。蓬莱阁修建于北宋嘉祐六年（1061年），迄今已有近千年的历史。"东方云海空复空，群仙出没空明中，荡摇浮世生万象，岂有贝阙藏珠宫，心知所见皆幻影，敢以耳目烦神工。"一代文宗苏东坡的《海市诗》就幸临于此，透过岁月的光影至今仍然隐隐在耳。清代书法名家铁保挥毫的"蓬莱阁"三个遒劲大字更使蓬莱阁名播海内外。

　　"烟漠漠，水天摇荡蓬莱阁。蓬莱阁，朱甍碧瓦，半浸寥廓。三山漫有长生药，茫茫云海风涛绰。风涛绰，万派朝宗，雾起仙落。"一首清雅却不脱俗世、华丽却不失端庄的宋词《忆秦娥》，将我们的足迹引领到一方散发神秘、神奇与神韵的所在，她就是壮观、绰约与迷离集于一身的人间仙境——蓬莱阁。

蓬莱阁

雲間董其昌書

甲子仲夏登

署中樓觀海

市

余建于東牟

歲華三易

每於寓目海

市竟為杭

弱櫻便因克

一觀甲子春游

百亭步因哲理

諸事歩之來集

者见石室剧用

不異馬其絲出建

形者或如盖如棋

姚浮屋如人像錄

春樹蒿家秦羞

壹遠樓梁洲渚

漸飄稻聰時不吋

合在陛作颜真有

畫工之所不能窮

其所者毋傳孝

異其所此是與自

已在申為時宗久

筆仙俱備诸靈

干能萬恍未易年

且邊霄氣岑相

眹带爱幻絲不

同峰军成庿異

平密聚养菁离

下時翻震不合

瞬息中雲林蓬

琦柯陽檻焕丹光

浮屠相对時峰

嵘信光王郵辰

敷沙渚玛将焉

長虹人物出陵间

圖辯色上空候

頂崖穷笔远達

董其昌书

蓬莱阁八仙塑像

八仙瓯塑壁画

天后坐像

铁保书"蓬莱阁"匾

"碧海丹心"刻石

余聞登州海市舊矣。父老云：常見於春夏，今歲晚不復出也。余到官五日而去，以不見為恨，禱於海神廣德王之祠，明日見焉，乃作是詩。

東方雲海空復空，羣仙出没空明中。
蕩搖浮世生萬象，豈有貝闕藏珠宫。
心知所見皆幻影，敢以耳目煩神工。
歲寒水冷天地閉，為我起蟄鞭魚龍。
重樓翠阜出霜曉，異事驚倒百歲翁。
人間所得容力取，世外無物誰為雄。
率然有請不我拒，信我人厄非天窮。
潮陽太守南遷歸，喜見石廪堆祝融。
自言正直動山鬼，豈知造物哀龍鐘。
伸眉一笑豈易得，神之報汝亦已丰。
斜陽萬里孤鳥没，但見碧海磨青銅。
新詩綺語亦安用，相與變滅隨東風。

元豐八年十月晦，書呈全叔承議。

翁方纲书海市诗

《登蓬莱阁》刻石

登蓬萊閣

蓬萊閣在汫之南海抱蓬萊接
大荒閣外不分天上下眼中惟
見海花花宜翻波沄來粘衛火
合敦坤出太陽來登臨觀造
化古今森盡是文章

蓬萊閣觀海市

蓬萊閣對蓬萊山遥望蓬萊山
之間水西作樓恣作碁埒頭覷
臺渡舄闌煌波渺渺換今古人仙
物感悠悠俱往還歘從復上覽

跡令人更望不可攀
俗太白然崖顯黃襄樓紅扇
皇臺巍巍洲之詩余憶從太
白隺顱而征遠蓬萊閣後市灭
詩跋熄古今人東相及距
督學俊彥孟津大愚
父題並壽

古阁晨晖

古城新韵

蓬萊閣雾色

蓬萊閣雾色

丹崖琼阁

蓬莱阁雪景

蓬莱阁

蓬莱阁夕照

蓬莱阁夜景

蓬莱阁夜景

蓬莱阁夜景

丹崖琼阁步履逍遥，碧海仙槎心神飞跃。在云拥雾护之中登上高阁，确有超世脱尘之感。凭栏四顾，仙阁丹窗朱户，飞檐列瓦，雕梁画栋，古朴壮观；轻纱般的云雾缠绕阁下，四周亭楼殿阁若隐若现，建筑园林交相辉映；山丹海碧，清风宜人，恍惚中人间、仙界融为一体，超凡出世之感，顿然而生。待到云消雾散，天地豁然，又是另一番景色：北望海天辽阔，淼淼无际，长山诸岛，错落其间，是海市蜃楼出现最频繁的地方；南望市区，烟雨万家，高楼崛起，行人车马，历历在目；西望田横古寨，突兀水中，郁郁苍苍，朝看黄海日出，暮赏渤海日落，田横栈道，拔海千仞，横亘绝壁，景致秀美；东望蓬莱水城，帅旗飘扬，战船依旧，"戚家军"的雄风至今令人肃然起敬，此外还有海滨公园、和平文化广场、现代海水浴场、蓬莱古船博物馆等等。这南北东西，以蓬莱仙阁为核心，"仙阁凌空"、"渔梁歌钓"、"日出扶桑"、"晚潮新月"等蓬莱十大胜景犹如众星捧月，环步蓬莱阁周围，使蓬莱阁熠熠生辉，美不胜收。这一切真应了刘鹗在《老残游记》中写的："这阁造得画栋飞云，珠帘掩雨，十分壮丽。南面看城中人户，烟雨万家；东面看海上波涛，峥嵘千里……"

　　仙山琼阁，别有洞天；人间仙境，美不胜收。

——文：郑亮亮　图：高远

鹳雀楼

鹳雀楼

　　浩如烟海的中国古典文学作品里，咏唱名山胜川，雄关要塞的篇章不知有多少，但真正能令人咏叹不厌，永远留在记忆里的还是那些名作佳构，华彩篇章。人们在那里认识了唯见天际流的长江，认识了从天而来的黄河，认识了岳阳楼、黄鹤楼、滕王阁…唐代诗人王之涣的一首《登鹳雀楼》"白日依山尽，黄河入海流。欲穷千里目，更上一层楼"，仅20个字便让天下人知晓了黄河岸畔的鹳雀楼。

蒲州古城鼓楼

蒲州西门瓮城

北门

蒲州古城遗址

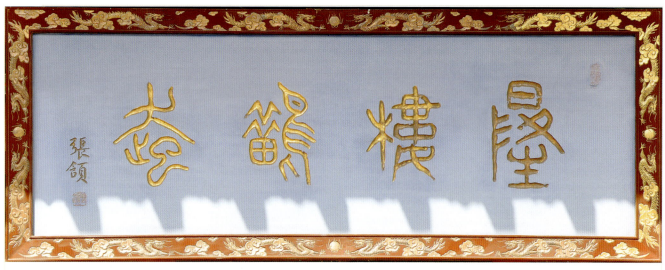

主楼东匾额

道弘寰夏

姚奠中

主楼南區额

立中州而挹古京握鑰之柜
風氣染縈擬崖閣

人文霞蔚壮王都
依古凌以連三光占山河之偉

風聯同華

劉炳森

主楼西匾额

永济一方天
把酒吟廉芝争邮渡中流

丙戌仲春編后改左幕樓榭園知定宅幽鄧繼原書之

豐樓彈月蘭奮堂除卤望
長安千古地

河北宋學義撰聯

66

文萃李唐

慨问滔滔东去谁曾击柱俯长河 借诗文以傲古今铭盛衰以鉴春秋山川生壮

襟星月而披风雨控秦晋而凌覆载华夏立雄 威且矫矫西行我欲登楼追落日

据史书记载，鹳雀楼故址在蒲州城西河洲渚上，依蒲津而临黄河，立中都而挽两京，南望中条华岳，北承龙门壶口，始建于南北朝末年的北周时期，是北周大将军宇文护为瞭望军情而修建的戍楼。自北周建成后，经历了隋、唐、五代、宋、辽、夏、金七个朝代，存世约700余年。

　　虽说始建的鹳雀楼是一座军事瞭望楼，但进入大唐盛世后，鹳雀楼却成为一座文人墨客登高临远、抒怀纵目的"赛诗楼"。当年的大唐才子王之涣，正是登上这座楼，才写下了《登鹳雀楼》这首千古绝唱。这首诗不仅写尽了天空、大地、远山、近河的秀美景色，也揭示了极目骋怀，高瞻远瞩的深邃哲理，更激励着一代又一代的华夏儿女，不断进取，奋发向上。《登鹳雀楼》玉成王之涣，王之涣也把鹳雀楼永远地写在了天下人的心中。

广场

然而日月流年，鹳雀楼被焚毁在元朝初年的纷纷战火中，昔日巍峨壮观的天下名楼成了一个历史名称，一个文化符号，一种民族不断进取向上的精神寄托。"常思胜迹觅无处，忽报平川起高楼"。1991年，全国百余名地学专家联名倡议重建鹳雀楼，被誉为中华民族优秀文化传统的象征，黄河文化的代表，鹳雀楼终于在历史烟云中消失了七百余年后，于2002年9月26日，重新向世人开放。

新建的鹳雀楼，是一座四檐三层极具北方风韵的仿唐式高台楼阁，总高73.9米。不仅保持了原楼的时代风貌，还是我国目前最高的楼阁景观，也是国内唯一采用唐代彩绘艺术恢复的仿唐建筑。进入其中，犹如进入了展示华夏文明的博物馆，或壁画，或雕塑，丰富多彩的内部装饰和陈设，

鹳雀楼雪景

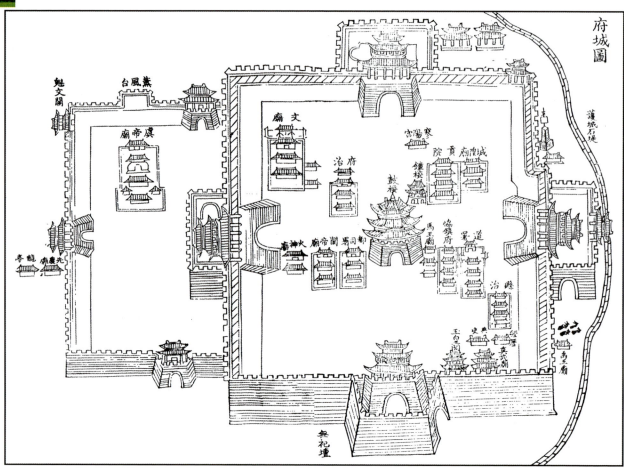

明代蒲州城图

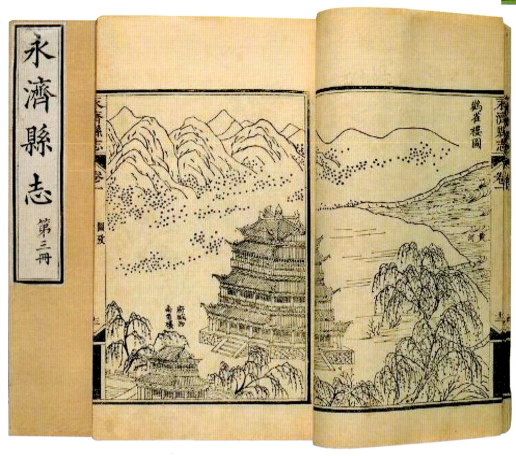

蒲州古城图

蒲州古城图

楼内回廊飞天图

无不体现着河东文明的深邃和厚重，彰显着河东作为华夏文明发祥地的古老和久远。

登楼远眺，"西阻大河，东倚太行，潼关位其南，龙门在其北"，祖国的大好河山尽收眼底。登上"极目千里"的最高层，我们不仅能领略这"白日依山，黄河入海"的磅礴气势，感叹那"三十年河东，三十年河西"的史事沧桑，更能体验到"欲穷千里目，更上一层楼"的崇高意境。

——鹳雀楼景区管理处

六楼一角

鹳雀楼倒影

广场

鹳雀楼局部

远眺黄河

鹳雀楼夕照

鹳雀楼夜景

大 观 楼

大观楼

昆明是首批国家历史文化名城，1240 多年的历史文化，积淀了众多的名胜古迹。在这其中，有一颗中华传统文化的璀璨明珠矗立于滇池之滨，她有着极高的历史文化价值、文学艺术价值、建筑科学价值和园林景观价值，她经历了无数的风雨沧桑，但仍然傲然屹立于世界民族文化之林、耀古烁今、光灿千秋，她就是中国历史文化名楼—大观楼。

　　大观楼位于昆明滇池边大观公园近华浦内，临滇池草海，与太华山隔海相望，是云南地区保存最完整的全木结构建筑。楼高三层，四方三重檐木攒尖顶，高 18 米，金包银围合墙，明黄色琉璃瓦，穿斗式梁架，檐口施水滴、瓦圈，脊为五层通脊，脊中间施兽头后过渡为七层脊并在上置走兽饰件，屋顶正中置宝鼎，外露梁架和木作，挑檐檩枋、插枋及室内的腰枋、夹牙等施旋子彩绘，藻井中的平棋天花施仙鹤蟠桃图，格子梅花窗心勾金线。楼第一层明间正面两柱位置挂蓝底金字铜制的"天下第一长联"——大观楼长联。

大观楼

1950 年《祥云大观》

1957 年《拱券园门》（杨长福摄）

《寻芳深处》庚园，梁昆生摄

600 多年前，滇池之滨一座小岛与苍翠连绵的太华山（今西山）隔水相望，古称"近华浦"，有"蒲藻常青"、"产衣钵莲花，千叶蕊"之景，乃昆明滇池湖滨之名胜。明黔国公沐氏在这里建水云乡别墅。

清朝平定吴三桂之乱后，王继文任云南巡抚。康熙二十九年（1690 年），王继文在昆明周边调查民情，乘舟路过近华浦时，观察地势，觉得这里面临滇池，远浦遥岑，风帆烟树，擅湖山之胜，于是派人鸠工备料、拓茅港池，修楼二层，取名大观楼。后相继建涌月亭、澄碧堂、催耕馆、浴兰渚、问津港、适意川、聚渔村等亭台楼阁，从此每日达官显贵临湖饮宴、文人墨客登楼歌赋，对于当时的盛况可谓"群贤毕至乐无涯，有酒、有诗、有画"，近华浦成为当时"省城第一名胜"。

清道光八年（1828 年），云南按察使翟觐光主持，将大观楼扩建为三层，使得楼阁更加壮丽，境界亦随之开阔，游人至此，无不感到"渔舍晓烟消，长啸一声天地阔"。

咸丰五年（1855 年），晋宁籍兵部侍郎何彤云一次侍值南书房，清文宗询问他滇池的形式，何彤云谈到在大观楼上观滇池，无风的时候都有三尺浪，有风的时候更是浪高千层。咸丰皇帝听后高兴，亲题"拔浪千层"四字，赐滇制匾，悬挂于大观楼前。咸丰六年（1856 年），大观楼毁于兵燹。

同治三年（1864 年），云南提督马如龙舟过近华浦"见其岛屿，蔓草荒烟，一片凄凉"，问询原委后，筹资重建大观楼，并于同治五年（1866 年）落成。

光绪八年（1882 年），滇池水漫堤岸，大观楼部分受到损坏。次年，在云贵总督岑毓英的主持下，大观楼、涌月亭、催耕馆等进行了修葺，近华浦有楼有亭、有台有廊、有桥有池，终成为云南省城第一胜景。

民国八年（1919 年），唐继尧修葺大观楼及公园券拱牌坊式大门，将孙铸（字铁舟）同治年间榜书"大观楼"三字的石刻板，嵌于园门，并为孙铸所书题写了跋识，叙述了马如龙请孙铸楷书楼匾之经过。

清杨映选绘扇面

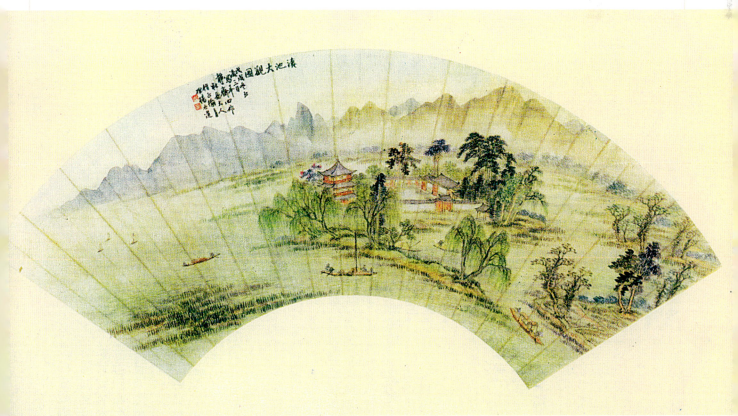

咸丰帝题书"拔浪千层"匾

创建重建大观楼碑记

马如龙题书匾

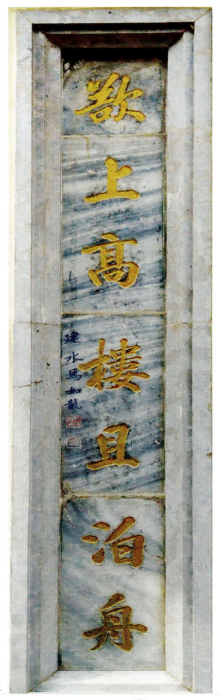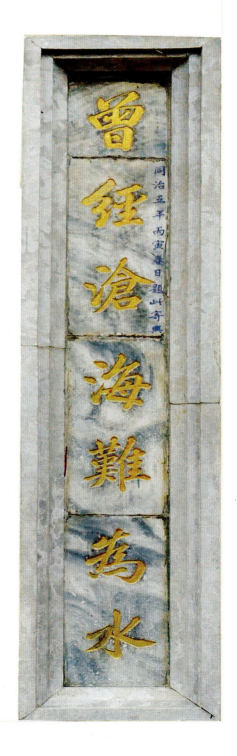

近华浦马如龙题对联

民国十九年（1930 年），昆明市长庾恩锡聘请造园大师赵鹤清协助，以"西湖十景"为蓝本修葺近华浦，"仿西湖之白堤、苏堤、则三桥鼎峙"，"峙三塔如三潭印月"，"增一榭，如秋月平湖"，"垒石为山，名曰彩云崖"，于是近华浦形成现在之景观，正式被辟为大观公园。

乾隆年间，布衣寒士孙髯翁登楼著 180 字长联，将绚丽的滇池风光和云南数千年历史生动地展现于世人面前。对联，是我国人民喜闻乐见的艺术形式之一，它脱胎于我国古代的骈体文和律诗，据说是在 1000 多年前五代蜀国帝王孟昶开始在桃符上写了"新年纳余庆，佳节号长春"的两句对子后，逐渐发展流行开来，形成各种楹联，传至清代尤为盛行。孙髯翁的长联首创了融骈、赋、诗、词于一炉的创作方法，在内容上将叙事、写景、抒情、议论融于一体，驰骋想象，纵古论今，在体制上大胆突破五至十一字的陈规，每支竟达九十字，以诗词入联、以骈体散文入联、以歌赋入联，使其面目灿然一新。上联写登大观楼骋怀，所见到"五百里滇池"的风光，下联抒发对云南"数千年往事"的无限感慨，情景交融，对仗工整，词采艳丽、气魄宏大。

清代红砂石狮造像

彩云崖石刻

为对联的创作开了新生面。正是这种独创性，使得孙髯翁的长联一出即惊动四方，人们争相传颂，名扬天下，被誉为"天下第一长联"。楼借联显、联凭楼传，从此，"闻者莫不兴起，冀一登临为快"，各地游人络绎不绝，大观楼"与岳阳、黄鹤相衡，一样雄奇，各有大名垂宇宙"。

孙髯，字髯翁，号颐庵，他不仅是名士、学者、诗人，也是颇富实践经验的古代水利专家。其父亲是陕西三原人，到滇任武官。孙髯自幼就聪慧好学，喜欢古诗词。但他性格孤傲清高，在应童试时，由于清科举制度要求考生搜身后方能进入考场，他觉得这是对读书人的侮辱，愤然曰："是以盗贼待士也，吾不能受辱！"掉头而去，从此不再参考。许多官员要聘用他，都被他谢绝了。孙髯自号"万树梅园大布衣"，他的生活年代、经历均与《红楼梦》的作者曹雪芹有所近似。早年，由于政治地位优越、家庭经济也颇富裕，他常与当时名士聚首，诗酒唱酬，生活甚为得意。但是好景不长，随着父亲的去世，经济来源枯竭，生活也一天比一天穷困。由于生活从富裕跌入穷困，使他饱尝了人世的冷暖辛酸，接触了广大的下层劳苦人民，由此看到了封建社会的

五百里滇池，奔来眼底，披襟岸帻，喜茫茫空阔无边。看：东骧神骏，西翥灵仪，北走蜿蜒，南翔缟素。高人韵士，何妨选胜登临，趁蟹屿螺洲，梳裹就风鬟雾鬓；更苹天苇地，点缀些翠羽丹霞。莫孤负四围香稻，万顷晴沙，九夏芙蓉，三春杨柳。

昆明孙髯翁先生旧句

数千年往事，注到心头，把酒凌虚，叹滚滚英雄谁在。想：汉习楼船，唐标铁柱，宋挥玉斧，元跨革囊。伟烈丰功，费尽移山心力，尽珠帘画栋，卷不及暮雨朝云；便断碣残碑，都付与苍烟落照。只赢得几杵疏钟，半江渔火，两行秋雁，一枕清霜。

光绪十四年戊子春正月二日 西林岑毓英重立

长联

牧梦亭匾

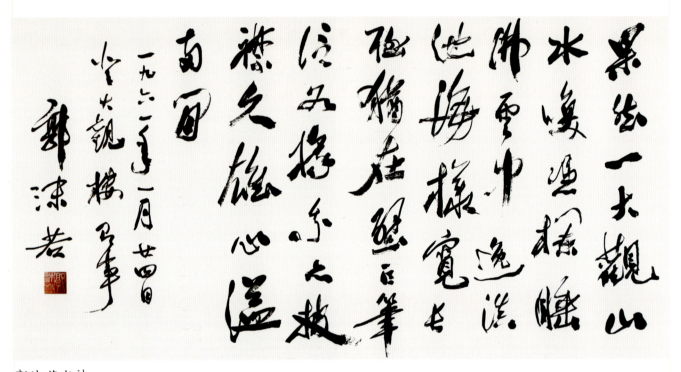

郭沫若书诗

黑暗、腐朽，加深了对封建王朝所谓"文治武功"的实质认识，因此写出了千古传颂的"天下第一长联"。

　　大观长联最早由昆明名士陆树堂行书书写刊刻，到咸丰七年，不幸与大观楼一起毁于战火。同治五年（1866年）马如龙重修大观楼时，在民间寻得原陆树堂行书长联拓本，重新刊刻后挂于楼前，现此联挂于大观楼二楼内厅展示。岑毓英任云贵总督后，于光绪十四年（1888年）请云南书法家赵藩工笔楷书，刊刻后挂于楼前，题上岑的名字，被称为"岑制长联"。此联系木制，长约一丈五尺，宽约二尺，为覆瓦形，阴文楷体，蓝底金字，工整严谨，内刚劲而外圆润，现此联保存于大观公园牧梦亭内。在文化大革命前期，公园职工将"陆树堂联"、"岑联"与众多名人的匾额、楹联、碑刻一同藏匿起来，才得以保存至今。1999 年，大观公园管理处依照"岑联"形制，新制铜质长联悬挂于大观楼前，该长联长 3.75 米，弧宽 0.45 米，重达 200 多千克。

新中国成立后，党和国家领导人都特别关心大观楼的建设和发展。周恩来、陈毅、董必武、杨尚昆等老一辈的领导都曾到大观公园检查指导。董必武同志题诗《游昆明大观楼》中赞道："昆明大观楼，一揽湖山胜……"陈毅同志评价长联"诗人穷死非不幸，迄今长联是预言"。

毛泽东同志虽然没有亲自到过大观楼，但是对长联却格外喜爱。毛泽东最初在清道光年间刻本《楹联丛话》中读到孙髯翁之长联。读到下联"叹滚滚英雄谁在"、"伟烈丰功，费尽移山心力"等句时，在每个字旁都画着圈。在"尽

大观南园寻芳深处牌坊

观音寺华严阁经幢遗址

85

珠帘画栋，卷不及暮雨朝云。便断碣残碑，都付与苍烟落照，只赢得几杵疏钟，半江渔火，两行秋雁，一枕清霜"等句旁，画着曲线，每句末都画上两三个圈。1935年商务印书馆出版梁章钜《楹联丛话》，毛泽东重读这本书，并对长联和改动的地方作了圈画、标记，写下批注文字"从古未有，别创一格"。

改革开放之后，特别是1998年至今，大观公园在中共昆明市委、市政府的关心和领导下，进入了一个跨越式的大发展时期。1998年6月10日，大观楼等古建筑维修工程全面动工。同年，由、省市投资2500万元，在公园西侧新征土地197.4亩，开始建设大观公园西园。1998年9月22日，庾园交由大观公园统一管理，称为大观南园。1999年1月16日孙髯翁花岗岩雕像完成，坐落在大观楼右前方面对滇池，整座雕像高2.7米，重6吨。2月1日，大观楼、观稼堂等古建筑翻修工程竣工。2月2日铜制长联正式悬挂于大观楼前两侧。2001年对游乐场、大草坪、停车场、票务中心、楼外楼票房、南园大门及西区环路进行投资改造，改造面积达到6200多平方米，累计投资213.9万元。2007年投资近150万元对大观楼及近华浦古建筑群进行了重新油漆彩绘工程。2003~2008年，通过招商引资，在公园西区引进了大型过山车、摩天轮等1亿多元的游乐设施项目。通过不断完善公园的配套基础设施，提高了公园服务的硬件质量。

三春杨柳

大观楼

通过不断地建设发展，大观公园现有面积47.8公顷，为市区公园之最，景区按时代风格分为三个部分：一是近华浦古典园林景区，包括大观楼、近华浦、楼外楼、盆景园、东园五个旅游片区，以明清风格古典园林为特色；二是南园园林景区，包括庾庄、鲁园及百花地三个片区，以民国年间兴建的中西融汇的私家别墅式园林景观为特色；三是反映现代造园艺术的西园景区，以休闲娱乐为特色。不同时代风格的园区通过桥、廊、堤相连，形成水面环绕、沿湖回廊、楼外有楼、曲堤烟柳、夏荷秋菊、百花争艳、诗画楹联碑刻琳琅满目的湖滨历史文化公园，汇成"万里云山一水楼"之盛景。公园内现有园林植物600余种，其中乡土植物200余种。盆景、桩景800多盆株，菊花300多个品种，居昆明之冠。荷花睡莲有10多个品种，种植面积达100多亩，是昆明城最大的荷花观赏基地。近年来，公园组织开展了春季郁金香花展、"火红的五月"叶子花展、七月荷花节、十月金秋菊花展等一系列积极健康向上的文化活动，年接待国内外游客两百多万人次。

观稼堂

通过不断地完善基础设施、开展积极健康的文体活动、开展软环境建设等工作，大观公园取得了很多可喜的成绩。公园2006年10月被评为国家AAAA级旅游景区；2007年1月，经中国旅游风云榜暨旅游领导人年会评为中国最具魅力景区之一；2007年6月在全国旅游业消费者满意度调查活动中被中国旅游监督管理委员会评为"全国旅游业十佳信誉单位"。2007年10月被昆明市政府评为首批精品公园；2007年12月被昆明市旅游局评为2007年度"昆明市旅游先进单位"；2008年3月被中共昆明市委、昆明市人民政府评为"2005-2007年度社会治安综合治理先进单位"；2008年5月被中共云南省委宣传部、云南省发展和改革委员会、云南省文明办评为云南省"价格诚信单位"；2008年12月在博鳌国际旅游论坛中被国际旅游营销协会、国际旅行商协会、世界华侨华人社团联合总会旅游合作组织授予"国际知名旅游景区"荣誉；2008年12月，在第三届中国旅游品牌国际推广峰会暨中外游客理想旅游品牌颁奖盛典中荣获"古典园林胜地"荣誉；2009年8月在"2009世界文化旅游论坛——中国著名文化旅游景区"评选活动中被授予"中国著名文化旅游景区"荣誉称号。

鲁园不系舟

虽然取得了一些成绩，但是在新的历史时期，慢进则弱、不进则退。公园必须振奋精神，按照昆明市委、市政府关于昆明旅游产业发展的思路，依托自身丰富的自然景观资源和悠久的历史文化资源，大力开发自然空间功能的多样性，充分发挥其内在潜能。一方面以"文化建园"为方针，推进名楼文化、长联文化与旅游结合，依照长联意境为主题，进一步加强近华浦古典园林片区生态环境建设，以"天下第一长联"、"中国历史文化名楼"为核心价值，塑造"大观楼"品牌，挖掘大观楼的文化属性和文化内涵，从弘扬祖国优秀传统文化和展现时代风范的结点上，赋予大观楼建设和管理以浓厚的精神文化色彩，创造出新时代中国特色的园林文化；另一方面不断完善公园配套游乐设施，增加功能服务配套项目，增建园林小品，将公园打造成为集园林山水景色，融人文历史景观，同时集趣味性、知识性、娱乐性为一体的高原湖滨特色景区。

——徐昊天

大观楼

阅江楼

阅江楼

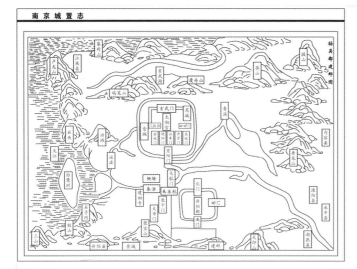

东吴

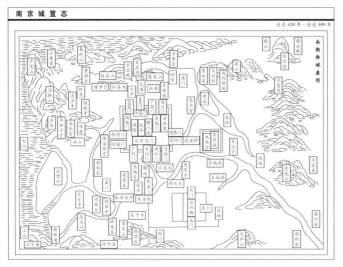

南朝

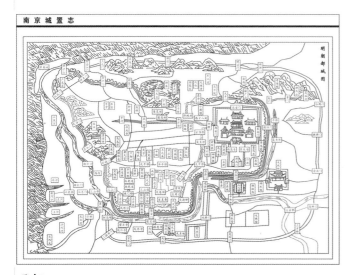

明朝

阅江楼历史源远流长，文化底蕴深厚。是继武汉黄鹤楼、岳阳岳阳楼、南昌滕王阁后的江南第四大名楼。

建阅江楼的初衷，始于626年前明朝开国皇帝朱元璋。因为朱元璋在其称帝前，在狮子山上以红、黄旗为号，指挥数万伏兵，击败了劲敌陈友谅40万人马的强势进攻，为其建立大明王朝奠定了基础。14年后，公元1374年，也就是洪武七年的春天，朱元璋想在狮子山建一楼阁，亲自命名为阅江楼，并以阅江楼为题，命令在朝的文武百官各写一篇《阅江楼记》。留传至今的有元末明初的著名文学家、翰林大学士宋濂的《阅江楼记》和朱元璋亲自撰写的《阅江楼记》、《又阅江楼记》三篇文章。朱元璋还动用了服刑的囚犯，在狮子山顶修建了建楼用的"平砥"，也就是地基。朱元璋在写了楼记、打了地基后又突然决定停建阅江楼，并在他的《又阅江楼记》中说明了停建的理由：一是上天托梦给他，叫他不要急于建阅江楼；二是在他经过深思熟虑后，觉得应该抓迫切需做的大事，建阅江楼这事应该缓一缓。

朱元璋《閱江樓記》

朕聞三皇五帝下及唐宋皆華夏之君，小裔何建都中土，詩云邦畿千里民所荒，又詢其來者以居，其第四夷，天城四方，以天主以綱維之，然泰漢之下不治，實分茅列土，諸侯各守其國，蓋諸侯之主未王耳，其於中原者亦平而成封建之君，蒲坂安邑陽人洛之故，居有伊洛...

天麓登峰之華而不能...

（下略）

明太祖朱元璋撰文吳郡陳時珪書

朱元璋《閱江樓記》

宋濂《閱江樓記》

閱江樓記
明·宋濂

金陵為帝王之州，自六朝迄於南唐，類皆偏據一方，無以應山川之王氣。逮我皇帝定鼎於茲，始足以當之。由是聲教所暨，罔間朔南，存神穆清，與天同體，雖一豫一遊，亦可為天下後世法。京城之西北，有獅子山，自盧龍蜿蜒而來。長江如虹貫，蟠繞其下。上以其地雄勝，詔建樓於巔，與民同遊觀之樂，遂錫嘉名為閱江云。登覽之頃，萬象森列，千載之秘，一旦軒露。豈非天造地設，以俟大一統之君，而開千萬世之偉觀者歟！

當風日清美，法駕幸臨，升其崇椒，憑闌遙矚，必悠然而動遐思。見江漢之朝宗，諸侯之述職，城池之高深，關阨之嚴固，必曰：此朕沐雨櫛風、戰勝攻取之所致也。中夏之廣，益思有以保之。見波濤之浩蕩，風帆之上下，番舶接跡而來庭，蠻琛聯肩而入貢，必曰：此朕德綏威服，覃及內外之所及也。四陲之遠，益思有以柔之。見兩岸之間，四郊之上，耕人有炙膚皸足之煩，農女有將桑行饁之勤，必曰：此朕拔諸水火，而登於衽席者也。萬方之民，益思有以安之。觸類而推，不一而足。朕之嗣成無疆之美者，得於此樓。

豈此樓臨春結綺，非不華矣；齊雲落星，非不高矣。不過樂管弦之淫響，藏燕趙之艷姬。一旋踵間而感慨係之，臣不知其為何說也。雖然，長江發源岷山，委蛇七千餘里而始入海，白涌碧翻，六朝之時，往往倚之為天塹。今則南北一家，視為安流，無所事乎戰爭矣。

然則果誰之力歟？逢掖之士，有登斯樓而閱斯江者，當思聖德如天，蕩蕩難名，與神禹疏鑿之功同一罔極。忠君報上之心，其有不油然而興耶？

臣不敏，奉旨撰記，欲上推宵旰圖治之功者，勒諸貞珉。他若留連光景之辭，皆略而不陳，懼褻也。

錄自古文觀止卷十二

辛巳春月中浣北金陵世欣園
常志成書

石狮子

天妃宫碑（碑文由明成祖朱棣亲笔撰写）

其实还有一个原因是集中财力、人力修建南京和中都凤阳的城墙，后来连中都凤阳的城墙也因耗费巨大而停建了。

不管是什么原因停建，朱元璋总算为我们今天兴建阅江楼写了《楼记》，打了地基，也为我们留下了相隔600多年的悬念。

今天，我们看到的阅江楼，是南京市政府批准并支持部分资金，由下关区投资2亿余元建起来的。2001年9月阅江楼建成并对外开放，从此结束了六百年"有记无楼"的历史。

——韩剑锋

"治隆唐宋"匾

楹联

古静海寺

千古江声流夕照　九天楼影俯朝飞

静海寺后院景

静海寺钟楼

古城墙

地藏寺

风景如画的阅江楼

古炮台

雄伟壮观的阅江楼

阅江楼夜景

天 心 阁

天心阁

自古以来，长沙就有"居省会之冲要，控荆湘之上游；吐纳洞庭，依附衡岳；荆豫唇齿，黔粤咽喉；保障东南，古称崇镇"之论，显示其山川形势在三湘之重要。故秦代设郡于此，汉初吴芮封长沙王，建长沙国，都长沙，始筑城墙。

1924年的天心阁

1925年天心公园西轩门

老天心阁远景

1928年重建的天心阁

斗转星移，这"自古潇湘清绝地"的古郡，而今建筑遗规尚存一角，为我们窥测昔日城貌提供了可贵的史迹。而著名的天心高阁，即巍然挺拔，耸峙古城墙垣之上，可谓珠联璧合，堪称"湖湘胜境"。

古阁一楼的展示厅正中央供奉着"文昌帝君、魁星神像"，是保长沙文运昌盛之举。上方题有"文运昌盛"四字牌匾，预示着湖南人杰地灵，人才辈出。展示厅右边墙面青石板上刻有"历代湖南状元名录"，左边刻有"历代长沙进士名录"和"明清长沙府著名科举人才名录"。最早关于天心阁的记载见于明万历年间唐源的《分地方申详》。天心阁建阁距今已400余年，初建阁时为一层，

崇烈门，始建于1946年，是为纪念抗日战争时期长沙三次会战中阵亡的将士，由张治中等人带头捐款修建。牌坊式建筑，全麻石打造，宽8.5米，高5.9米。

清乾隆年间为两层，至清嘉庆年间，天心阁加建为三层，并增设南北两附阁，附阁与主阁之间以游廊相接，使之更加雄伟、壮观，现主阁高 14.6 米，两附阁各高 10 米，尽显明清时期典型南方园林建筑之风格。

历史远逝，文蕴犹存；旌旗猎猎，战马潇潇；文人墨客，诗词咏诵……明代俞仪《天心阁眺望》："楼高浑似踏虚空，四面云山屏障同。指点潭州好风景，万家烟雨画图中。"朱楼展颜的巍峨气势，龙伏耸翠，高阁凌霄，仿若浑似踏虚空，临阁四面观之，楚天一色，楼台揽月，又仿若身处于云山烟霞中那般仙气氤氲，心境盎然。至清乾隆间，李绍隽笔下描述其景观云："城南耸高阁，直与丹霄

崇烈塔，又名白塔，始建于 1946 年，系抗日纪念性建筑，塔高 6.6 米，全麻石结构，塔基为六边形，塔身为圆盘和圆柱构成，圆柱上端顶着一个圆球，寓意地球，球面刻有中国地图，球的上方昂首屹立一头石狮，石狮明眸远望，寓意着中国领土神圣不可侵犯的民族气节。

薄。插顶上天门，扣着星斗落。我今一登临，极目真寥廓。物色卷横空，烟霞飞漠漠。湘水作带环，麓屏为扃钥。远浦送帆来，晴岚凝翠幔。雁字写长天，渔曳沿江泊。塔峰指顾间，万户倚楼脚。举目白云低，风动响铃铎。胜迹昭古今，纵笔摇山岳。"把登临高阁之所见，恣意摄取，真实贴切，淋漓尽致。

天心阁之由来，有诸多考究，说法不一。最典型流传的数李汪度《重修天心阁记》中从星象观点诠释，认为荆楚地域隶属轸星的分野，而轸星中又一小星，名曰长沙星，主寿命。于是上应象纬，地名亦称长沙。又文昌天宿，东近上台司命，亦主寿，与长沙一星乃异轸同宫。所以

此亭前身为午炮亭、国耻纪念亭。清末民初，为统一全城时间，亭中置黄铜火炮一门，每日正午鸣炮三响以报时。1946年，为纪念抗日战争"长沙会战"中阵亡的将士，当时的湖南省政府在国耻纪念亭的原址建十六柱斗拱、八角歇山顶亭一座，名曰"崇烈亭"。

于"地脉隆起"、"巽龙入首"的地貌处建阁，以祭祀文昌帝君与魁星神像，保长沙文运昌盛之举，故阁原取名"天星阁"，可达"振人文而答天心"之目的。

涉足天心，沿北端石级缓步而上，有亭名"崇烈"，山门威仪，额首书"雄镇"，两旁嵌近代著名词学大师夏承焘题书门联"潇湘古阁；秦汉名城"。倘沿南端踏步始游，蓦见山门洞开而高接云霄，石级约显陡峭，如门额所揭"壮观"之势，曷可匹媲，门联乃叶圣陶先生题书"天高地迥；心旷神怡。"读之令人豁然开朗，叹为观止。

——陈杰

清道光三十年（1850年），骆秉章任湖南巡抚，曾下令将铁佛寺内几尊大铁佛铸成一大一小的两座大炮，大的五千斤炮置于草潮门城上，命名为"红袍大将军"。1852年此炮立于天心阁城头，迎战太平军，西王萧朝贵阵亡于猛烈的炮火之下。

作者：黄兆枚。湖南省长沙府长沙县人，清朝政治人物、进士出身。光绪二十九年（1903年），参加光绪癸卯科殿试，登进士二甲第92名。同年闰五月，以主事分部学习。
题者：廖抹沙（1907－1990年），原名廖家权，湖南长沙人，作家。文革中与邓拓、吴晗一起被称为"三家村"。

岳色南来　湘流北去

潇湘古阁　春浮名城

作者：周谷城（1898 — 1997 年），湖南益阳人，历史学家，全国人大副委员长。此联为 1988 年 2 月 13 日，90 高龄的他登上天心阁时所作。

作者：夏承焘，著名词学家。毕生致力于词学研究和教学，是现代词学的开拓者和奠基人。他的一系列经典著作无疑是词学史上的里程碑，20 世纪优秀的文化学术成果。胡乔木曾经多次赞誉夏承焘先生为"一代词宗"、"词学宗师"。

天心阁

天心阁夜景

天 一 阁

天一阁

　　天一阁位于浙江宁波城西月湖之畔，创建于明嘉靖年间（1561-1566年），是我国现存历史最悠久的私家藏书楼，也是世界现存最古老的三个家族图书馆之一。天一阁是中国古代藏书楼的典范，成为中国藏书文化的一种象征。现为全国重点文物保护单位、首批全国古籍重点保护单位和国家AAAA级人文旅游胜地。

天一阁创始人范钦宦迹遍及大半个中国，官至兵部右侍郎，平生喜好收集典籍，致仕后在故里建天一阁，藏书最多时达到七万多卷，其中以明代登科录、地方志和明人文集最为珍贵。清乾隆帝下诏修撰《四库全书》时，范钦的八世孙范懋柱进献藏书六百多种，成为数量最多的藏书楼之一。庋藏《四库全书》的文渊阁、文源阁、文溯阁、文津阁、文宗阁、文汇阁和文澜阁这七座著名的皇家藏书楼，均效仿天一阁的建筑样式和书橱款式，天一阁从此名闻天下。明清以来，文人学者都以能登临书楼阅览而自豪，黄宗羲、万斯同、全祖望、袁枚等文化名人均曾登临天一阁，为其挥毫吟诗，编写书目，倾诉仰慕之情。20世纪90年代，著名学者余秋雨先生所写《风雨天一阁》，更使天一阁名震一时。

天一阁博物馆是以藏书文化为核心，集藏书的研究、保护、管理、陈列、社会教育、旅游观光于一体的专题性博物馆。现占地面积 3.1 万平方米，环境

1935 年天一阁重修落成

幽雅，由藏书文化区、园林休闲区、陈列展览区三大功能区组成。以宝书楼为中心的藏书文化区有东明草堂、范氏故居、尊经阁、明州碑林和千晋斋。以东园为中心的园林休闲区有明州碑林、百鹅亭、凝晖堂、林泉雅会馆、明池、假山等景点。以近代优秀建筑秦氏支祠为中心的陈列展览区，包括陈氏宗祠、闻氏祠堂和书画馆。

在甬上藏书家无私捐赠之下，天一阁博物馆现馆藏典籍达 30 余万卷，其中珍椠善本 8 万余卷。此外，天一阁还收藏自宋代以来的名人字画 4000 余件、碑帖 4000 多种。这些典籍文物具有重要的历史、艺术和科学价值，凝结着中华民族千百年来的杰出智慧和劳动创造，也反映了宁波人民对于文明的尊重，以及对于文化的孜孜追求。

——天一阁

重修后的天一阁前假山

宋黄庭坚草书刘梦得竹枝词卷

元吴镇双树坡石图轴

明陈洪绶梅花山禽图轴

114

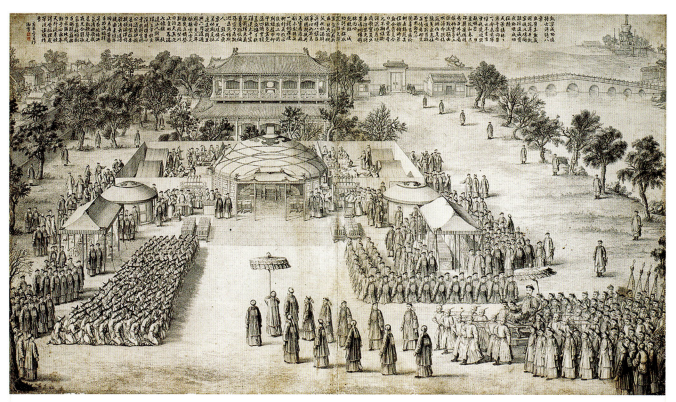

平定回部得胜图（清铜版画）

清罗聘墨梅图轴

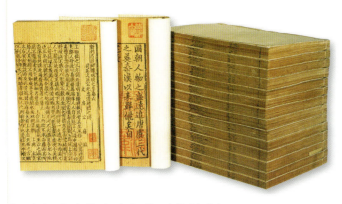

新刊名臣碑传琬琰之集（宋刻本）

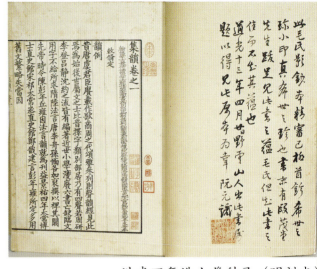

洪武四年进士登科录（明刻本）

天心复要（明抄本）

明史稿（清万斯同稿本）

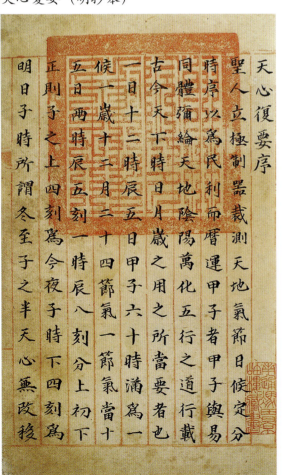

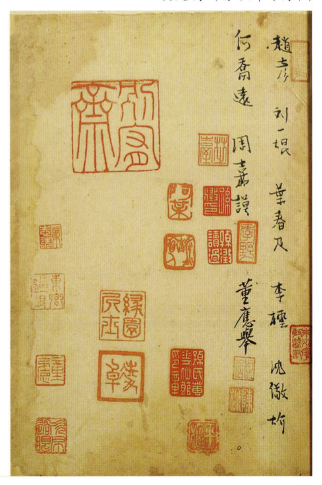

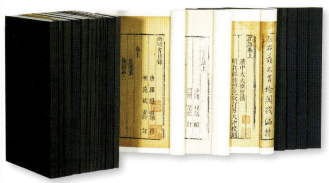

范氏奇书（明天一阁刻本）

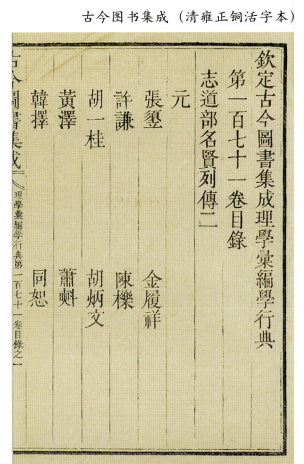

集韵（明汲古阁抄本）

古今图书集成（清雍正铜活字本）

妙法莲华经（明泥金写本）

东园

天一阁宝书楼

司马第

天一阁前假山

天一阁

天一阁博物馆西大门

钟 鼓 楼

钟鼓楼

　　西安，这座古老而又崭新的城市，千百年来，洪荒岁月的蒙昧之泉曾从这里涌淌，野蛮时代的艺术曾在这里涂鸦，史前文明的火花曾在这里燎原，煌煌鼎世的创造发明曾在这里诞生，绝世凿空的足迹曾从这里延伸横亘，时代精神的洪流也曾在这里跌荡起伏……林林总总使人一唱三叹，流连忘返。

　　文化是人类的集体记忆，建筑则是人类文明的华丽乐章。西安钟鼓楼不仅以其双子星座的地标建筑让西安彪炳于世界历史文化名城之列，而且以其巧夺天工的精湛技艺使中国营造法式流播天下，蔚为大观。

20世纪30年代西安钟楼

民国时期的钟楼

20世纪40年代西安钟楼

20世纪50年代钟鼓楼

20世纪50年代钟楼

文武盛地

声闻于天

唐景云钟

对于西安这座经历过漫长历史的古城来说，钟楼是古老的，钟楼更是年轻的，它记录着西安沧海桑田的历史，铭刻着西安人心中的悲怆与骄傲。它与鼓楼晨昏相伴，与西安四门遥相呼应。钟鼓楼处在西安城的心脏地带。不仅是西安的标志性建筑，更是西安这座城市的文化符号。

钟楼位于西安市中心，创建于明洪武十七年（1834年），原址在今西大街广济街口，明万历十年移建于此，是我国目前规模最大，建筑最宏伟，保存最完整的明代建筑之一。青砖基座、木质楼体，通高36米，重楼三滴水（三重檐），四角攒尖顶式，内外雕梁画栋，至今仍以其金碧辉煌、巍伟壮观的雄姿，屹立在西安城中心，与西安四门遥相呼应。

鼓楼横跨北院门大街之上，建于明洪武十三年（1380年），通高33米，雄杰秀丽不亚于钟楼。鼓楼和钟楼这对双子星座，相距仅半里，互相辉映，为古城增色，是古城西安的标志建筑，被誉为"古城明珠"。

钟楼与鼓楼均初建于明洪武年间，期间屡经维修，从农耕时代起，晨钟暮鼓，声闻四达，借以振兴文教，教化民众，历经数百年风雨浸润，屹立至今，是西安历史文化的象征。

钟楼、鼓楼整个建筑结构严谨，雄伟壮观，在我国现存的城市钟鼓楼中以气势宏伟、构筑精巧、色彩艳丽著称，是关中地区重要的古建筑之一，其建筑规模、形式、彩绘等为研究明清以来古代建筑艺术提供了重要的实物资料。1998年，钟鼓楼广场建成，广场依二楼布局而建，不仅扩展了钟鼓楼游览范围，同时广场的布局与设计过程中，注重对西安历史文化的传承，进一步彰显和强化了钟鼓楼格局，在传统的基调上融入了现代化气息，通过鲜明的主题特征来创造传统而富有现代气息的文化环境，发展了现代商业，又保持了传统风貌。使钟鼓楼传承了悠久的文化，塑造了城市新景观。

钟鼓楼馆藏文物（齐白石书画）

钟鼓楼馆藏文物（齐白石书画）

钟楼斗拱彩绘

钟楼斗拱彩绘

鼓楼（二十四节气鼓）

晨钟暮鼓表演

鼓楼 世界最大的鼓

钟楼

鼓楼

2008年应业务拓展需要，在西安市钟鼓楼保管所的基础上加挂了西安市钟鼓楼博物馆的牌子，强化了藏品征集、陈列展览和社会宣传教育职能。在文化大发展大繁荣背景下，开展文物保护工作、创新展览模式，更好地服务于社会发展等，从而为西安"博物馆之城"建设添砖加瓦，为西安这座历史文化名城注入更多活力，为西安国际化大都市建设贡献力量，钟鼓楼博物馆被赋予新的重担。

——喻军

钟楼夜景

鼓楼夜景

钟鼓楼夜景

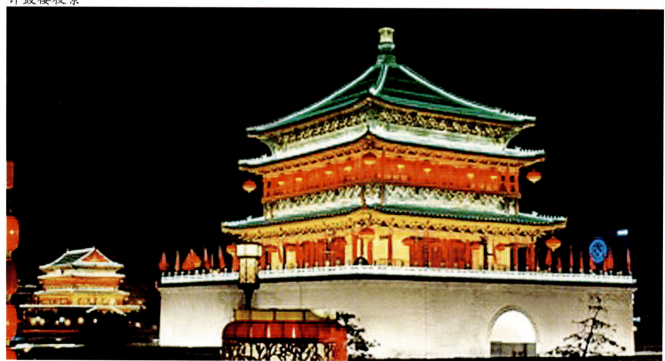

城 隍 阁

城隍阁

当岁月的光影穿越千年，再一次重叠过杭州城的上空，留下一个繁华如梦却又静寂如尘的剪影，它就是——吴山城隍阁。

"左控长江右控湖，万家烟火接康衢。偶来绝顶凭虚望，似向云霄展画图。"

这就是人们对城隍阁的称颂。1999年，吴山城隍阁落成，成为杭州标志性的建筑之一。

吴山一名约起于春秋之际，至五代时，吴山上便修起了城隍庙，明永乐间，香火颇盛，声名远播，故一时山也以城隍名之，俗称城隍山，这也是城隍阁一名的由来。

十萬家燈火盡歸此處樓臺

八百里湖山知是何年圖畫

左江右湖美甲東南

觀潮望海遠通世界

杭州城隍閣覽勝

明徐渭撰

己卯冬日苕溪林劍丹書

是歲己人翁閏運撰并書

生圆试茗倒影千峰携翠来

画阁凭栏分香万井留春住

高楼连玉宇爱西湖月满珠树星桥好留仙侣驻天堂

杰阁耸吴山望东南潮来素车白马欲晤名臣夸盛世

画阁凭栏分香万井留春住
倚窗试茗倒影千峰携翠来

杰阁耸吴山望东南潮来素车白马欲晤名臣夸盛世
高楼连玉宇爱西湖月满珠树星桥好留仙侣驻天堂

题赠吴山城隍阁

吴楚东南远睇沧溟如带

晨昏钟鼓惯看舟楫潜移

岁在己卯逊生

吴楚东南远睇沧溟如带
晨昏钟鼓惯看舟楫潜移

吴山，襟江带湖，独处内城，优越的地理位置可谓得天独厚，虽地近闹市而无车马之喧，且更擅林泉之胜。南宋定都杭州（临安）后，吴山及其周边的清河坊、大井巷、鼓楼一带，更是成为杭城市井风情最浓郁之处，其时寺观林立，烛火喧天，庙会集市盛极一时，留下的遗迹至今俯拾皆是。

城隍阁可说是在南宋文化历史遗存的积淀上建成的。

这座七层阁楼，就是城隍阁，西湖周边最高的楼阁式建筑，高41.6米，面积3789平方米。建筑整体具有皇家气派，大度而不浮华，雄浑而不雕饰，昂扬向上，气魄雄伟，格调高雅。

从入口处那巨幅的花岗岩浮雕壁画《民俗风情》，到阁楼上那一块块蘑菇石砌造而成的洞门，再到那上等香樟、椴木雕刻而成的斗拱、栏杆和排门，那东、西、南、北四面凌空飞升的飞檐翘角，乃至阁楼顶部那凤凰展翅的飞阁设计，无不氤氲着缠绵千古的南宋风情。

城隍阁

高耸天风

登临城隍阁，是要用心来行走的。

每一个脚步的回响，仿佛是一种心灵的私语，又仿佛是在和一个古人对话。

在足迹与足迹的交叠中，我们一步步穿越时空，在一种清雅、凝重而平静的气息里，走向千百年前那份曾经繁华的南宋时光。

城隍阁一楼，摆放着一幅长 31.5 米、高 3.65 米、深 2 米的硬木彩画巨制，堪称稀世珍品，是为城隍阁的镇阁之宝。它宛如一幅立体的《清明上河图》，尽情展现着南宋杭州历史上最辉煌的时代风景。

这条被刻意表现的大街就是如今的中山路，史称"御街"，又称天街，两旁商铺林立，买卖兴隆；人群摩肩接踵，车马熙熙攘攘，沿街酒楼近百，茶肆歌馆无数。

徐步而行，《伍相驾涛》、《钱王射潮》、《断桥相会》、《梁祝共读》等等，这些杭人耳熟能详的故事，以巨幅线刻石雕的形式向我们徐徐道来，让人不由得感叹起这些千古佳话、感叹起世间沧桑变化。

而这一幅幅《斗茶图》、《大傩图》、《货郎图》、《龙舟竞渡图》，制作精美、栩栩如生，南宋民俗风情尽现眼底，可谓淋漓尽致。

"大型青石线刻图"

悠久的历史，美丽的湖山，使西湖蕴蓄了诸多引人入胜的神话传说和历史故事，正是这些东西构成了杭城与西湖丰富的文化积淀，我们今日徜徉在湖山间，无时无刻都能感受到它的魅力所在。城隍阁一楼的中部，是高10米，宽8米的巨型青田石线刻组图，从一楼底部直贯通到二楼，它以流畅的线条生动地刻画了历代与杭州、西湖相关的28位古代名人及11个古代传说和民间故事。青田石雕始于宋代，至今已有近千年的历史，是浙江工艺美术著名的"三雕一塑"之一。

立橋望仙

伍相駕濤

錢王射潮

虎跑湧泉

南宋杭城风情图

杭城千年的繁华，孕育了极为典型的脍炙人口的市井风俗，《都城纪胜》载："城之西北三处，各数十里，人烟生聚，市井坊陌，数日经行不尽。各可比外路一小小州郡，足见行都繁盛。"这种市井风情在前人的《梦粱录》、《武林旧事》、《西湖老人繁盛录》等著作中都有详尽而精彩的描绘。至近世这种风俗已发育的十分成熟。由于种种原因，昔日"老杭州"的历史风貌在今杭城已依稀难寻。为重拾历史记忆与文明碎片，在今城隍阁一楼布置了大型硬木立体彩塑——《南宋杭城风情图》。

城隍阁

城隍飞云（王晓波摄）

"八百里湖山知是何年图画，十万家灯火尽归此处楼台。"这幅后人截明人徐渭长联而来的赞誉，似乎在提醒着我们，城隍阁还是观赏左江右湖以及杭城美景的极佳之处。

登上城隍阁顶的观光台凭栏远眺，北望西子湖，波平如镜，轻舟荡漾；东眺市区繁华的市廛，高楼广厦，鳞次栉比；南观钱塘江，波涛滚滚，片片帆影；西览群山，松涛竹韵，烟云雾霭。

日月晨昏，光辉轮回。入夜的城隍阁，灯火璀璨，如琼楼玉宇，高悬于湖山之上，让人赞叹不已，疑为仙境。登高眺望，杭城灯光闪烁，与天上皓月朗星相争辉，真是山河壮丽，风华无限。

也许南宋至今的千百年只是历史长河中的一瞬，但那恍若一梦的繁华却永远停驻在人们的心间。吴山城隍阁，让世人在这湖光山色之间，落脚稍息，一起追寻那个失落千年的南宋繁华梦……

——金蔚

城隍阁夜景（王小波摄）

泰 州 望 海 楼

　　望海楼是泰州的名胜古迹，位于泰州古城东南角，东临城河，西近文昌阁，迄今已有近千年历史，是江淮大地上一处文化地标。

　　望海楼初名海阳楼，明代重建时更名望海楼。历代文士登楼者颇多诗词唱和，留下了大量诗文，如刘万春、邓汉仪、乔松年等，都是当时有影响的名士和诗人。

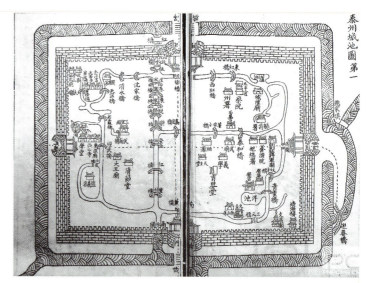

泰州古城池图——清楚描绘出了望海楼的位置

泰州志 卷之十

未收愛看冥冥萬里在背沙驚起二三鷗

次陳裕庵早秋登樓
储巏州部侍郎吏

青霄欲上更登樓碧落高寒別是秋畫樓流雲凌翥

鳳虹橋傍夕渡牽牛酒薰舞劍魚龍激風颭歌鐘燕

崔收長笑凭欄情未極江湖何地狎浮鷗

又
储洵僉事州人

徙倚追攀暇日樓瑤臺金粟綴清秋半簾倒景飛烏

冕極浦浮槎轉女牛風靜五雲簷外合星羅萬户檻

前收興來直欲樋黃鶴寧事忘機嘆白鷗

登望海樓
　徐燉

十六

《崇祯·泰州志》中徐火广的望海楼诗文

清代民间画师绘制的当年古景"城楼眺海"

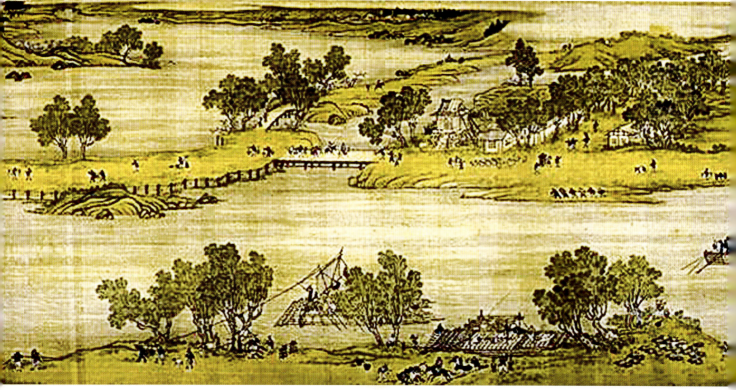

范敬宜《江淮第一楼》

范黎明范敬宜诗　　　　　　　　　　　　范秉寅《望海楼怀古》

凤鹤归来窗雨歇
诗情兄在绿水池轻月
戈瀚绿水池轻舟
崑向云山濑机泉

时在庚寅初冬范敬宜先生诗黎明恭篆念之

望海楼外万顷涛遥
接岳阳洞庭潮青史
声闻翰墨凤开心向
阳上碧霄

泰州望海楼怀古辛卯暮春范秉寅

海天旭日图（描绘了古时城楼眺海的景象）

重修望海楼记

泰州，漢唐古郡，襟江負海，壤沃物阜、人傑地靈。其東南有樓，名曰望海。始建於宋。爲一郡之大觀。歷代名賢，多唱和於此。先祖范文正公曾爲泰州西谿鹽官。而滕子京爲泰州海陵從事，嘗相與傾懷。把酒賦詩。公有君子不獨樂等句。其先憂後樂之意，亦已呼之欲出。再歷二十餘載，遂有岳陽樓記間世。發浩音於宇內，振遺響於百代，故泰志稱斯樓爲吾邑之文運命脉。洵非虛語。元明以降，兵連禍結。斯樓屢建屢毀。不勝其嘆。豈樓之興廢，或亦有關國運之盛衰乎。

今逢盛世，遂有重修望海樓之舉。公歷二零零七年秋。巍然一樓飛峙泰州鳳城河之濱。上接重霄，下臨無地，飛閣流丹，崇階砌玉。其勢可與黃鶴樓滕王閣媲美。允稱江淮第一樓。望海樓之再興，豈獨泰州一邑文運命脉之象徵哉。

予登乎望海一樓。憑欄遠矚。悄然而思。古之海天，已非今之日力所及。而望海之情。古今一也。望其澎湃奔騰之勢。則感世界潮流之變。而思何以應之。望其浩瀚廣袤之狀，則感孕育萬物之德。而思何以敬之。望其吸納百川之廣，則感有容乃大之量。而思何以效之。望其神祕莫測之深。則感宇宙無盡之藏。而思何以寶之。望其波瀾不驚之靜。則感一碧萬頃之美。而思何以致之。望其咆哮震怒之威。則感裂岸決堤之險。而思何以安之。睠夫，望海之旨大矣。顧世之登臨憑眺者。於浮想之餘。有思重建斯樓之義。是爲記。

公歷二零零七年初秋　范敬宜敬撰

凤城河风景区内的望海楼是近年在原址重建的，楼高32米，重檐歇山顶，为黑褐色琉璃瓦，外观是典型的宋式彩绘，主要色彩取朱红、黄、白三种色系，显得古朴、典雅。楼共四层，屋内建筑面积2000多平方米。楼宇重檐飞翘，气宇轩昂，被称为"江淮第一楼"。重修后的望海楼被评为江苏省精品建筑示范工程，并被收录在原国家文物局局长罗哲文先生撰写的《中华名楼大观》中。罗哲文称，望海楼原汁原味的宋代彩绘让他记忆犹新。

全国人大常委会原副委员长彭冲亲笔题写了"领江淮雄风"的匾额，著名书法家沈鹏书写"望海楼"楼名。 楼内的《重修望海楼记》，由范仲淹的第28代裔孙、原《人民日报》总编辑范敬宜撰写，该文被《人民日报》转载，是列入中学语文课本的典范之作。范老描述了泰州的历史、泰州的现在以及重修望海楼的意义，带着对海的敬畏、对大自然的敬畏以及对大自然客观发展规律的敬畏，用文言文形式表达了当今思想：环保发展、科学发展、和谐发展。虽然现在已经看不到海，但是泰州人对大海的情结、对大海的感悟还是一样的，而且在楼上还能够看到多年后泰州一派繁华的景色。所以范老先生也希望"世之登临凭眺者，于浮想之余，有思重建斯楼之义"。

前程似锦　　　　　　　　　　　　　　　　　　　　　　　　　　君子不独乐　此意久而芳

雾色望海楼（顾建中摄影）

望海楼雪景

望海楼夕照（范鹏摄影）

望海楼

凤城河水天一色，风光秀美。在望海楼上凭栏俯瞰，有全国独一无二的"戏曲文化三家村"，即柳敬亭公园、桃园、梅兰芳纪念馆。望海楼西侧的文会堂，为北宋名宦滕子京初建，名相范仲淹曾著《文会堂赋》，首先提出"君子不独乐"的忧乐观，这也是后来《岳阳楼记》提出的"先天下之忧而忧，后天下之乐而乐"的先声源头！原全国政协副主席赵朴初赞扬泰州文化时说"文昌北宋，名城名宦交相重"，主要概括了这段历史。

作为泰州的标志性历史建筑，望海楼不仅是泰州自然、历史、地貌演变的见证，更是泰州人望海情结的写照。

——刘宁

望海楼夜景

温州望海楼

温州望海楼

　　温州望海楼是浙江省级风景名胜区洞头景区的标志性建筑，位于温州洞头岛西北海拔 227 米的烟墩山巅。主楼高 35.4 米，明三暗五，有回廊环绕；楼顶设四攒尖，呈众星拱月。楼形竣美壮观，为我国东南沿海第一观景高楼。游览区由望海楼主楼、游客服务中心、山门、颜延之雕像、诗词碑廊、泓澄亭、心赏亭、同辉亭、品茗阁、海洋动物故事园等组成，占地 140 亩。

《永嘉县志》载"青岙山"条目书影

《全唐诗》中《青岙山》诗书影

望海楼始建于南朝刘宋时期，距今已有 1500 多年历史。公元 434 年，与谢灵运齐名、时称"颜谢"的诗人颜延之，任永嘉郡太守。他留恋洞头的秀美景色，命人在洞头的青岙山建望海楼，以观赏海景。400 年后的唐宝历年间，温州刺史张又新前来寻楼，有感于楼馆无存，作诗记云："灵海泓澄匝翠峰，昔贤心赏已成空。今朝亭馆无遗制，积水沧浪一望中。"这首诗收入《全唐诗》中，使得这一段历史文化佳话留传至今。

望海楼虽已不存，但直至清代，人们仍挂记。清代诗人戴文俊作诗《望海楼》感怀："天风振袂上危亭，蜃市初消海气清；日暮云中君不至，高歌独有老龙听。"

2005 年 1 月，望海楼得以重建，主楼于 2007 年 6 月 7 日正式对外开放。建成后的主楼，一至四层设洞头海洋文化展示厅，五层为接待厅及观光廊。楼内外勒有启功、沈鹏、贺敬之、周巍峙、韩美林等名家墨宝，是观赏百岛美景、领略渔村民情风俗的窗口。

一层帆锚相依厅的正面，是大型贝雕《帆锚相依》，象征着洞头的先民们扬帆而来，定锚扎根，合力开发洞头列岛。贝雕帆高 5.7

大型铜雕清代诗人咏望海楼

望海楼木雕屏，以黄杨木雕与东阳木雕技艺雕作

大型贝雕《帆锚相依》用 8923 斤野生三角蚌壳雕成

楼内展厅：妈祖祭典模型

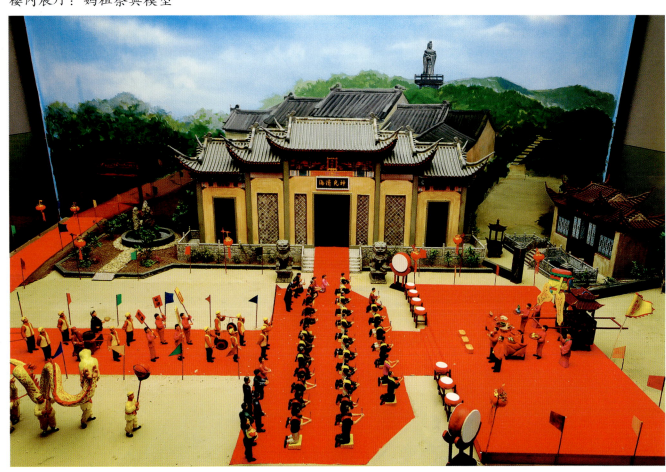

望海楼主楼

望海楼诗词碑廊

望海楼山门

望海楼风光

米，总面积 70 平方米，用 8923 斤的野生三角蚌蚌壳打磨嵌制，是目前国内最大的贝雕件。贝雕帆上，台湾著名诗人、作家余光中先生题写的八个大字"洞天福地、从此开头"，是对洞头的全新诠释。

二层的耕海牧渔厅和三层的闽瓯风情厅，展现的是洞头列岛融闽南文化和东瓯文化于一体的渔村生产生活习俗。在这里，可以观赏洞头渔船发展史、洞头民俗八大巧、百岛美食十二鲜，以及"迎头鬃"、渔乡灯彩等精彩展示。

四层的非遗奇葩厅，以实物、模型、动漫、幻影成像等多种方式，展现了洞头列入国家和省级非物质文化遗产名录的项目，包括国家级"非遗"海洋动物故事、妈祖祭典，以及一批省级非遗项目。海洋动物故事的动漫、《七夕成人节》幻影成像尤为赏心悦目。

登楼远眺，洞头列岛 168 个岛中的大部分岛屿尽入眼中。晴日，岛浮海上，海接天际，令人心旷神怡；雾时，岛浮云中，云浮岛移，犹如海市蜃楼。

作为洞头历史文化的窗口和百岛旅游第一景，如今的望海楼，以其历史悠久、建筑雄伟、海洋民俗文化气息浓郁，跻身国内历史文化名楼之列，被誉为"气吞吴越三千里，名贯东南第一楼"。

——邱国鹰

望海楼夕照

望海楼夜景

名楼协会十年发展历程

岳阳结盟

2004 年 9 月 12 日在湖南岳阳楼举行

江城论剑

2005 年 6 月 9 日在湖北黄鹤楼举行

相约蓬莱

2006 年 8 月 24 日在山东蓬莱阁举行

温馨昆明

2007 年 10 月 20 日在云南大观楼举行

黄河探源

2008 年 10 月 16 日在山西鹳雀楼举行

洪都新赋

2009 年 10 月 25 日在江西滕王阁举行

金陵圆梦

2010 年 10 月 20 日在江苏阅江楼举行

钟鼓长鸣
2011 年 11 月 23 日在陕西钟鼓楼举行

潇湘风韵

2012 年 11 月 3 日在湖南天心阁举行